Liebe Mütter, liebe Väter, liebe Omas,
liebe Opas, liebe Tanten, liebe Onkel,
liebe Lehrerinnen und Lehrer!

Kinder, die schon lesen können, sollten diese Kompetenz stärken.
Etwas stärken zu wollen, heißt immer etwas zu üben.
Und Üben muss mit Erfolgserlebnissen untrennbar verbunden sein.

Dieser Sammelband enthält vier kurze und reichhaltig illustrierte
Geschichten. Die Geschichten können unabhängig voneinander
gelesen werden. Die Sprache ist dem Alter der Kinder angepasst
und ermöglicht ein konstantes Aufbauen des Wortschatzes.
Lustige Themen und fröhliche Charaktere sollen junge Leserinnen
und Leser am Ende der 1. Klasse/Anfang der 2. Klasse
zum Lesen verleiten.

Wir wünschen Ihren Kindern viel Freude beim Lesen!

Ihr G&G Verlag
Lesepädagogisches
Lektorat

Besonders möchten wir Sie darauf hinweisen, dass der G&G-Lesezug vom
Österreichischen Buchklub der Jugend empfohlen wird!

Mein großes
Erstlese-Buch

Katzen • Hexen • Ballerinas

G&G

www.ggverlag.at

ISBN 978-3-7074-2117-0
In der aktuell gültigen Rechtschreibung

1. Auflage 2017

Reihengestaltung und Vor- und Nachsatz: Carola Holland
Coverillustration: Julia Gerigk

Gesamtherstellung: Imprint, Ljubljana

Inhalt

Spiel und Spaß

Lies zuerst die Geschichte
und löse dann das Rätsel. Viel Vergnügen!

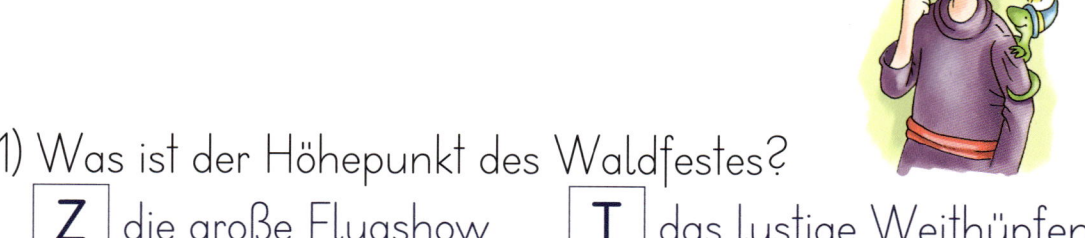

1) Was ist der Höhepunkt des Waldfestes?

   [Z] die große Flugshow   [T] das lustige Weithüpfen

2) Welche Speise bereitet Hannas Oma für das Waldfest?

   [A] Kürbiscremesuppe   [B] Grießnockerlsuppe

3) Nach welchen Kräutern sucht Hanna besonders
   lang im Wald?

   [O] Zauberschnittlauch   [U] Magiekresse

4) Wie heißt der Vogel?

   [B] Blauer Vogel   [M] Grüner Vogel

5) Was hält die Moderationshexe in der Hand?

   [R] einen Zaubertrank   [E] ein Mikrofon

6) Was ist das Besondere an Hannas Flug?

   [Z] Sie fliegt mit einem Feuer speienden Drachen.

   [R] Sie fliegt gemeinsam mit dem blauen Vogel.

LÖSUNGSWORT ☐ ☐ ☐ ☐ ☐ ☐

Lisa Gallauner

Hexe Hanna
und die Flugshow

Mit Illustrationen von
Katharina Reichert

„Drei Tage noch, dann ist es endlich
so weit." Hexe Hanna öffnet ein Türchen
ihres bunten Waldfestkalenders.
Nur drei der dreißig kleinen Türchen
sind jetzt noch geschlossen.

„In drei Tagen findet endlich das große
Waldfest statt. Ich freue mich schon so
auf die Ringelspiele, die Zuckerwatte,
das Spiegelkabinett, die kandierten Äpfel,
das Kürbis-Wettschnitzen, das Zaubertrank-
brauen und ..."

„Die große Flugshow", unterbricht Oma
Hanna. Hanna schluckt. Nein, auf die
freut sie sich eigentlich nicht.

Sie kann zwar mittlerweile richtig gut
fliegen, aber die Teilnahme an der
großen Flugshow liegt ihr trotzdem
im Magen.
Wie jedes Jahr dürfen auch heuer wieder
die Erstklässlerinnen der Hexenschule
bei der großen Flugshow ihr Können zeigen.
Alle anderen aus Hannas Klasse
finden das auch ganz toll.
Nur Hanna denkt da ein wenig anders.
Ein Flug bei der großen Flugshow
des Waldfestes, der muss etwas
ganz Besonderes sein. Der muss die
Zuschauer vom Hocker hauen.
Ist sie dafür wirklich gut genug?

„Hast du dir schon Gedanken darüber gemacht, was du bei der Flugshow zeigen wirst, Hanna?", fragt Mama, die gerade die gemütliche Hexenküche betritt.

Hanna zuckt kurz zusammen.

„Nö, hab ich nicht." Das ist eine Lüge.

Schon seit Tagen zerbricht Hanna

sich den Kopf darüber. Aber ihr fällt einfach

nichts Spektakuläres ein.

Und sie will Mama und Oma doch nicht

enttäuschen.

„Also ich hab damals einen doppelten

Looping gemacht und deine Mutter

ist eine Spirale geflogen", meint Oma

schmunzelnd.

Hanna seufzt. „Den doppelten Looping will Leonie unbedingt zeigen und Zita fliegt von uns allen die schönsten Spiralen. Schade." Mama legt Hanna tröstend den Arm um die Schulter.

„Keine Sorge, mein Liebling, dir fällt schon noch was Tolles ein. Da bin ich mir ganz sicher."

Oma nickt zustimmend. „Genau, egal was du machst, wir sind immer besonders stolz auf dich. Und jetzt helft mir bitte beim Kürbiscremesuppe-Kochen. Ein Waldfest ohne unsere weltberühmte Suppe ist schließlich undenkbar."

Während Hanna Kürbisstücke kleinzaubert, grübelt sie nur über eines nach:
die Flugshow.
Soll sie vielleicht ihr geliebtes Fahrrad in ihre Flugvorführung einbauen?
Sie könnte doch auch einen dreifachen Looping versuchen? Was, wenn sie durch einen brennenden Reifen fliegen würde?
Oder aber sie ...
„Hanna, kannst du mir bitte aus dem Wald ein paar frische Kräuter für die Suppe holen?", reißt Oma Hanna aus ihren Gedanken.
„Ich brauche Zauberlauch und Hexendill, außerdem eine Handvoll Magiekresse."

Pfeifend spaziert Hanna durch den Wald.
Es dauert nicht lange, bis sie den Zauberlauch und jede Menge Hexendill
gefunden hat. Nur die Magiekresse
versteckt sich heute wieder besonders gut.
Also dringt Hanna immer tiefer in den
dichten dunklen Wald vor.
Auf einer Lichtung entdeckt sie dann
schließlich auch die aromatische Kresse.
Als sie gerade ein großes Büschel
davon abschneiden will,
fliegt plötzlich etwas knapp
über ihren Kopf hinweg.
Hanna erschrickt.
Dann beginnt sie herzhaft zu lachen.

„Blauer Vogel! Schön, dich zu sehen!"
Hanna streckt ihren Arm aus und
der blaue Vogel lässt sich darauf nieder.
Er ist wirklich wunderschön und er kann
toll fliegen. „Zeigst du mir ein paar
Kunststücke?", bittet Hanna den tierischen
Flugkünstler. Der nickt und legt los.
Er fliegt hoch und immer höher, dreht sich
wild in der Luft und saust kurz darauf
beinahe ungebremst Richtung Boden.

Hanna sieht ihm mit offenem Mund zu.
Und plötzlich weiß sie, was sie bei der
großen Flugshow zeigen wird.

Endlich ist der Tag des großen Waldfestes gekommen. Hunderte Hexen und Zauberer genießen das gute Essen, nehmen an den vielen Wettbewerben teil und haben Spaß im Vergnügungspark. Ganz Mutige trauen sich sogar in die Geisterbahn. Höhepunkt des Festes ist aber wie jedes Jahr die Flugshow der Erstklässlerinnen der Hexenschule.

„Applaus für Leonie und ihren doppelten Looping!", ruft die Moderationshexe gerade begeistert. Nervös umklammert Hanna ihren Besen. Sie ist als Nächste dran.

Auf ein Zeichen der Moderationshexe
startet Hanna ihren Flug.
Doch sie fliegt nicht alleine.
Neben ihr fliegt der blaue Vogel.
Hanna und er legen eine atemberaubende
Flugshow hin. Jede Flugbewegung,
die Hanna macht, macht auch der blaue
Vogel. Gemeinsam fliegen sie Loopings,
Spiralen und viele andere Figuren.
„Zauberhaft, ganz zauberhaft!
Also dieser Flug haut mich echt
vom Hocker", meint die Moderations-
hexe lachend.

Hanna freut sich.
Sie und der blaue Vogel
haben es geschafft!

Spiel und Spaß

Lies zuerst die Geschichte
und löse dann das Rätsel. Im Buchstabengitter
sind 10 Wörter aus der Geschichte versteckt.
Viel Vergnügen!

K	P	F	E	R	D	G	M	Z	Y
Q	N	D	Y	K	T	A	P	G	B
B	A	L	L	E	T	T	W	H	L
A	O	T	U	B	F	T	X	L	W
N	Y	F	A	H	N	E	C	X	M
K	G	X	J	V	S	R	A	Q	E
Z	T	U	R	N	E	N	M	J	R
U	R	E	I	C	P	E	F	V	L
G	A	L	O	P	P	M	D	U	I
I	B	T	G	F	E	R	I	E	N

Ballett, Ferien, Merlin, Turnen, Trab, Bank, Pferd, Fahne, Galopp, Gatter

Michaela Holzinger

Klara Ballerina auf Trab

Mit Illustrationen von
Kirsten Straßmann

Es ist Donnerstag. Die prima Ballerinas sind schrecklich aufgeregt, als sie zur Tanzschule gehen.

„Hat Frau Sprungschuh auch bei euch angerufen?", fragt Klara.

Kiki, Amelie und Emma nicken.

„Sie hat gesagt, wir sollen eine lange Turnhose anziehen", antwortet Amelie.

Klara kichert. „Ich wette, unsere Ballettlehrerin hat etwas vor. Weil doch bald Sommerferien sind."

„Du meinst eine Überraschung?", fragt Kiki.

„Für uns?", raunt Emma.

Klara nickt. „Gleich werden wir es wissen."

Tatsächlich! Als sie die Tanzschule
erreichen, wartet Frau Sprungschuh schon
im Auto. „Heute machen wir
eine besondere Tanzstunde", sagt sie.
„Steigt ein!"
Neugierig klettern die Mädchen ins Auto.
Als sich alle angeschnallt haben,
fährt Frau Sprungschuh los.
„Wohin geht es denn?", will Klara wissen.
„Zu Merlin", antwortet die Ballettlehrerin.

REITERHOF

„Mit ihm werden wir heute das
Gleichgewicht üben."

„Ist dieser Merlin ein berühmter Tänzer?",
ruft Kiki von hinten.

Frau Sprungschuh lacht. „Nein! Obwohl
er sich mit seinen vier Beinen sehr elegant
bewegt."

Merlin hat vier Beine? Was soll das denn
bedeuten? Doch als Klara aus dem Fenster
sieht, weiß sie es plötzlich.

Auf dem Pferdehof werden sie schon erwartet. „Darf ich vorstellen? Sina und Merlin", sagt Frau Sprungschuh.

„Sina unterrichtet Voltigieren. Das ist Turnen auf einem Pferd."

Sina winkt ihnen zu. „Möchtet ihr Merlin begrüßen?"

Freudig tätscheln die Mädchen Merlins Hals. Sie streicheln ihn unter der weißen Mähne. Und Merlin stupst sie mit seinem weichen Pferdemaul.

„Was hat er da auf dem Rücken?",
fragt Klara.

„Einen Gurt", erklärt Sira. „Daran hält
man sich fest, während man auf dem
Pferderücken turnt."

Amelie kriegt große Augen. „Was?
Da oben? Das ist ganz schön hoch!"

Und wackelig, denkt Klara besorgt.

Ob sie das kann?

Zum Glück fängt Sina mit einer leichten Übung an. „Merlin fangen", heißt das Spiel. Dazu nimmt sie ihn an eine lange Leine. „Die schreibt man Longe und spricht sie so aus: Lonsche", erklärt Sina. „Damit lasse ich Merlin im Kreis laufen. Und ihr rennt neben ihm her. Wer mag, kann sich am Griff festhalten. So, wer will als Erste?"

Kikis Hand schnellt hoch und Merlin fängt an im Kreis zu gehen. Zuerst im Schritt. Dann im Trab. Und zum Schluss galoppiert er ein Stück. Kiki schafft es, die ganze Zeit den Griff festzuhalten.

„Gut gemacht!", lobt Sina.

Nun ist Klara dran.

Merlin schnaubt.

„Komm, fang mich", soll das heißen.
Klara nimmt ihren Mut zusammen
und trabt neben Merlin her.
Schnell greift sie nach dem Griff.
„Hab dich", flüstert sie in seine Mähne.

Als die Mädchen aufgewärmt sind,
zeigt Sina Figuren auf dem Holzbock vor.
„Den verwenden wir zum Üben",
sagt sie und erklärt, wie man sich richtig
auf den Pferderücken schwingt.

Das ist gar nicht so einfach. Aber mit
ein bisschen Übung klappt es schließlich.
Eine prima Ballerina nach der anderen
schafft es ohne Hilfe auf den Holzbock.
Frau Sprungschuh nickt zufrieden.
„Jetzt seid ihr so weit für Merlins Rücken."

Dieses Mal ist Klara als Erste dran.

Als sie auf Merlins Rücken sitzt,

wackelt alles.

„Halte dich an den Griffen fest", rät Sina.

„Und schließe die Augen.

Spürst du, wie sanft Merlin

dich wiegt?"

Klara muss lachen.

„Wie ein Schaukelpferd."

„Dann lobe ihn", sagt Sina. „Am liebsten
hat er es, wenn du ihn hinter den Ohren
kraulst."

Klara macht, was Sina sagt. „Das ist ja
gar nicht schwer", ruft sie, als sie merkt,
dass sie den Griff losgelassen hat.

Nun traut sich Klara auch die andere Hand
loszulassen. Nach und nach macht sie die
Figuren, die sie auf dem Holzbock gelernt
hat. Die Bank. Die Fahne. Und sogar
die Mühle.

„Jetzt im Trab." Sina schnalzt mit der Zunge.
Klara wird ganz schön durchgeschüttelt.
Trotzdem schafft sie alle Übungen.
Und wieder schnaubt Merlin.
Überglücklich krault Klara seine Ohren.
„Du hast es auch gut gemacht",
flüstert sie ihm zu.

Wenig später dürfen die Mädchen
sogar zu zweit auf Merlins Rücken.
Einmal versucht Klara sich aufzustellen.
Dabei hält sie sich an Emmas Schultern fest.

Sina klatscht begeistert in die Hände.
„Ihr macht das toll!", lobt sie.
„Als Belohnung darf jede noch eine
Runde auf Merlin galoppieren."
Die prima Ballerinas jubeln. Alle wollen
mit Merlin über den Sand fliegen.

Danach ist die Stunde leider schon zu Ende. „Können wir uns mal alle auf Merlin setzen?", fragt Klara.

Sina überlegt. „Eigentlich dürfen nie mehr als drei Turner auf das Pferd.

Aber ihr seid ja noch nicht so schwer.

Von mir aus. Aber nur bis zum Gatter."

Flugs nehmen die prima Ballerinas auf Merlins Rücken Platz.

„Gemeinsam ist es am schönsten", seufzen sie und Merlin schnaubt.

„Ja!", soll das heißen.

LESEZUG

Lies zuerst die Geschichte
und löse dann das Rätsel. Viel Vergnügen!

Blättere auf Seite 50/51 und schau dir das Bild
genau an. Dann klapp die Seite zu. Ringle die Dinge
ein, die auf der Seite zu sehen sind, und streiche die
Dinge durch, die nicht zu sehen sind.

Mama

Limonade

Oma   Katze Karin

Schnitzel

Lampe

Laura

Mixer

Vorhang

Computer   Fernseher

Papa   Sofa   Eis   Hund

Claudia Skopal

Ferien mit Lauras Katze

Mit Illustrationen von

Elena Kratzer

Laura, Mama, Papa und Oma
sitzen im Wohnzimmer und planen ihren
Sommerurlaub. Berge von Prospekten
bedecken den Tisch. Dazwischen stehen
Schalen mit Eis und Becher mit Limonade.
Mama und Oma wollen in die Berge,
Papa nach Paris und Laura ans Meer.
Karin Katze liegt faul auf dem Sofa.
Ihr ist es völlig egal, wohin es geht.

Da sich die Familie nicht einigen kann,
schlägt Mama vor, einen Prospekt
zu ziehen. Alle stimmen zu und Laura darf
ziehen. „Juhuu", ruft sie. „Gewonnen.
Wir fahren nach Italien!"

Der Tag der Abreise ist da. Laura steht
ratlos vor einem Berg von Badeanzügen.
Sie kann sich nicht entscheiden,
welchen sie mitnehmen soll.
Kurzerhand packt sie alle ein.
Mama bekommt ihren Koffer nicht zu
und legt sich oben darauf.
„Schnell, Laura", ruft sie. „Jetzt kannst du
ihn zumachen!"
Laura macht den Zippverschluss zu.

Ein Koffer ist geschafft.
Oma sitzt in einem aufgeblasenen
Schwimmsessel und geht die Einpackliste
durch. Wie das alles
in ein Auto passen soll?

Später, als alles verstaut ist, bringt Laura
Karin Katze zum Nachbarn. Er soll sich
während des Urlaubs um ihr Kätzchen
kümmern. Karin miaut kläglich und
auch Laura fällt der Abschied schwer.
„Ich werde mich gut um Karin kümmern",
versucht der Nachbar sie zu beruhigen.
Das tröstet Laura gar nicht und auch Karin
krallt sich an Lauras T-Shirt fest.

Nach viel Hin und Her steigt Laura
endlich in das Auto.
Traurig sieht sie aus dem Fenster,
als Papa um die Ecke fährt.

Oma versucht Laura aufzumuntern.

Sie spielen „Ich seh, ich seh, was du

nicht siehst".

Laura sieht etwas Blaues.

„Ist es ein Fluss?", fragt Oma.

„Nein", sagt Laura. „Vielleicht ein Auto?"

Laura kichert. Sie hat den Himmel gemeint.

Da hören sie ein seltsames Geräusch.
„Was war denn das?", fragt Mama.
Papa bleibt am Pannenstreifen stehen
und durchsucht das Auto. Und wen findet
er mitten unter den Koffern?
Karin Katze. Wie hat sie das nur geschafft?

Papa ist nicht begeistert, aber jetzt können
sie auch nicht mehr umkehren.
Also bleibt Karin mit dabei.
Sie und Laura verschlafen die Hälfte
der Autofahrt. Als sie aufwachen,
fährt Papa vor dem Hotel vor.
Laura packt Karin in ihren Rucksack.
Schließlich sind Katzen im Hotel
nicht erlaubt.

Währenddessen stopft Papa den Lift
mit Koffern voll, bis keiner mehr
hineinpasst. Obenauf sitzt Oma
und fährt in den ersten Stock.
Laura muss über die verdutzten Gesichter
der anderen Gäste lachen.

Über dem Meer spannt sich
ein blauer Himmel. Darunter zieht sich
der Strand ins Unendliche.
Möwen tauchen ins Wasser
und fangen Fische. Durch das Fenster
sieht Laura planschende Kinder.
Auch sie will endlich ins Wasser.
Karin hüpft auf Lauras Bett herum
und begutachtet deren Badesachen.
„Schön hier bleiben, Karin", sagt Laura.
„Ich gehe eine Runde schwimmen."
Sie schlüpft in ihren Badeanzug,
nimmt Handtuch und Luftmatratze
und schon ist sie weg.

Mama, Oma und Laura graben Papa
im Sand ein, bis nur mehr sein Kopf
herausschaut. Laura schmiert ihm
Sonnencreme ins Gesicht und setzt ihm
eine Kappe auf. Sie weiß, wie wichtig das ist.

Gleich neben ihnen spielt ein Mädchen,
das so alt wie Laura ist.
„Wie heißt du denn?", fragt Laura neugierig.
„Nina", sagt das Mädchen.
„Wollen wir gemeinsam spielen?",
fragt Laura. Das Mädchen strahlt. „Klar",
sagt sie und Laura ist froh, eine Freundin
gefunden zu haben.

Laura und Nina spielen den ganzen
Nachmittag über im Wasser und
am Strand. Als Laura von Karin erzählt,
will Nina die Katze sehen.
Aber als sie ins Hotelzimmer kommen,
ist Karin verschwunden.

Laura bricht in Tränen aus. „Ich hätte sie
nicht alleine lassen sollen", sagt sie. „Sie ist
doch noch ein Katzenkind."
„Wir finden sie schon", sagt Nina
und versucht Laura zu beruhigen.

Die Kinder suchen im gesamten Hotel,
schauen unter Tische, hinter Vorhänge
und unter Betten.
Doch keine Karin weit und breit.

Schließlich kommen sie in die Küche.
Weil Laura so traurig ist, schenkt der Koch
ihr eine Schüssel fertiger Spaghetti.
Sie duften verführerisch
und Laura bekommt richtig Hunger.
Da hört sie plötzlich ein Miauen
bei ihren Füßen.

„Karin", ruft sie und drückt die Katze
erleichtert an sich. „Nie wieder lasse ich
dich allein."

Karin schleckt ihr mit der kleinen rosa
Zunge über die Wange.

Und so verbringen die beiden noch
wunderbare Ferien im Eissalon, auf der
Luftmatratze und beim Sandburgen bauen.

Spiel und Spaß

Lies zuerst die Geschichte
und löse dann das Rätsel. Viel Vergnügen!

1) Wo lebt Valerie Vampir?

| P | auf dem Dachboden | | G | im Keller |

2) Was vertragen Vampire nicht?

| E | Mondschein | | A | Sonnenlicht |

3) Wie heißt der Bub, den Valerie kennenlernt?

| R | Oliver | | V | Robert |

4) Wie heißt Valeries Flughund?

| P | Flocki | | T | Draki |

5) Was verspricht Valerie ihrem Freund Oliver?

| Y | Ihn in seinem Zimmer zu besuchen. |

| Z | Mit ihm zum Mond zu fliegen. |

LÖSUNGSWORT ☐ ☐ ☐ ☐ ☐

Gabriele Rittig

Ein Freund
für Valerie Vampir

Mit Illustrationen von

Angela Picha

Valerie ist ein hübsches, blasses Mädchen.
Das ist kein Wunder, denn sie ist ein
Vampirmädchen. Sie lebt mit ihrer Familie
auf dem Dachboden eines alten Hauses.
Sie schläft in einem Sarg, der neben einem
runden Dachbodenfenster steht.
Manchmal beobachtet sie von dort aus
die Kinder auf der Straße. Sie würde gerne
mit ihnen spielen. Aber das geht nicht.
Denn Vampire vertragen keine Sonne
und sie schlafen tagsüber. So sitzt Valerie
am Fenster und ist einsam.

Eines Tages zieht eine neue Familie in der
Wohnung unter dem Dachboden ein.
Als Valerie früher als sonst aufwacht,
hört sie eine Kinderstimme.
Sie ist neugierig.
Woher kommt die Stimme?
Sie späht durch ein Loch im Fußboden
und entdeckt einen blonden Jungen.
Er sitzt auf seinem Bett.
Daneben sitzt seine Mutter
und liest ihm etwas vor.
Der Junge hört aufmerksam zu.
Auch Valerie hört zu.

Von nun an steht Valerie immer etwas
früher auf und lauscht den Geschichten.

Eines Morgens sitzt Valerie wieder beim
Fenster und beobachtet die Kinder auf
ihrem Schulweg. Gleich wird der Junge
aus der Haustür gelaufen kommen.
Valerie wartet immer, bis sie ihn sieht.
„Wo bleibt er nur?", denkt Valerie
und gähnt.
Da erscheinen die Eltern des Jungen,
aber sie sind alleine.
Valerie späht durch das Loch im Boden.
Der Junge liegt noch im Bett
und schläft.
„Ob er krank ist?"

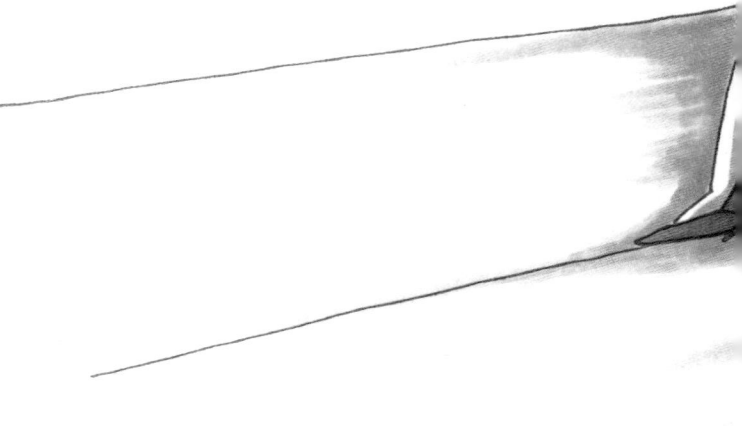

Es ist längst Schlafenszeit für junge Vampire. Sogar Mutter und Vater Vampir schlafen bereits.

Auch Valerie schläft ein, gleich dort über dem Loch im Dachboden.

Plötzlich schreckt sie hoch.

Ein Poltern hat sie geweckt.

Neben ihr liegt eine alte Vase,

die sie wohl im Schlaf umgestoßen hat.

Auch der Junge ist aufgewacht und blickt

zur Decke. Auch er hat den Krach gehört.

Schon hört Valerie Schritte im

Treppenhaus, die sich nähern.

„Oje! Wenn er hier heraufkommt,

wird er uns entdecken", denkt sie.

Sie läuft zur Dachbodentür

und reißt sie auf.

Da steht der Junge auch schon vor

ihr und sieht sie verdattert an.

„Hallo", sagt Valerie.

„Hallo", sagt der Junge. „Ich heiße Oliver.

„Ich heiße Valerie", sagt Valerie.

„Wohnst du hier oben?", fragt Oliver.

Valerie nickt.

Oliver betrachtet das blasse Mädchen
mit den langen schwarzen Locken.

„Bist du ein Vampir?", fragt er plötzlich.

Wieder nickt Valerie.

„Darf ich deine Zähne sehen?",
bittet Oliver.

Valerie zieht die Lippen hoch.
Oliver staunt. „Hui, sind die spitz",
sagt er anerkennend. „Wirst du mich
jetzt beißen?"
Valerie schüttelt grinsend den Kopf.
Oliver ist erleichtert.

Nun will er alles über Valerie wissen.
Sie sitzen auf der obersten Stufe vor dem
Dachboden. Valerie beantwortet Olivers
Fragen gerne. Sie freut sich,
endlich mit einem Menschenkind
zu sprechen. So erfährt Oliver,
dass Vampire fliegen können.
„Ich kann noch nicht richtig fliegen.
Ich plumpse", sagt Valerie und lacht.
„Aber Draki, mein Flughund,
kann das gut. Willst du ihn sehen?"
Oliver nickt.
So lernt er Draki kennen.
Er darf ihn sogar streicheln.

Irgendwann wird Valerie immer müder
und auch Oliver sollte zurück ins Bett,
denn er ist krank.
Die beiden verabschieden sich voneinander.

Heute ist Valerie lange vor Sonnen-
untergang wach. Sie ist aufgeregt.
Sie hat Oliver versprochen, ihn in seinem
Zimmer zu besuchen. Sie wartet,
bis Olivers Mutter gegangen ist.
Dann plumpst sie durchs offene Fenster
in Olivers Zimmer.
Valerie und Oliver unterhalten sich,
bis Oliver müde wird. Oliver erzählt Valerie,
was er tagsüber erlebt hat, und Valerie
erzählt Oliver, was sie in der Nacht
getan hat.

„Du hast es gut", sagt Valerie und seufzt.

„Wieso denn?", will Oliver wissen.

„Du kannst zur Schule gehen und mit anderen Kindern spielen. Ich würde so gerne einmal mit anderen Kindern spielen."

„Gehen Vampirkinder denn nicht zur Schule?", fragt er.

Valerie schüttelt den Kopf.

Oliver denkt über Valeries Wunsch nach und da hat er eine Idee.

Ein paar Tage später ist es so weit.

Valerie wacht am frühen Nachmittag auf,

weil sie laute Stimmen

aus Olivers Zimmer hört.

„Was ist da unten los?" fragt sie sich.

Neugierig späht sie durch das Loch.

Doch in Olivers Zimmer ist es dunkel.

Da klopft es leise an der Dachbodentür.

Valerie öffnet die Tür.

Oliver steht draußen. Er sieht wie ein
Vampir aus. Er hat sogar Vampirzähne!
„Ich habe eine Überraschung für dich",
sagt Oliver und nimmt Valerie mit
in sein Zimmer.
Dort warten schon viele Kinder.
Alle sind als Vampire verkleidet.

„Willkommen auf meiner Vampirparty",
sagt Oliver und stellt Valerie seinen
Freunden vor.
An diesem Nachmittag spielt Valerie mit
vielen Kindern und niemand bemerkt,
dass sie ein echter Vampir ist.

Eine echte Prinzessin

„Entschuldigung!", murmelt Hexe Isadora Wipfelzipf zu der Wurzel, über die sie gerade gestolpert ist. Dann stopft sie die verstreuten Wildkräuter wieder in ihren Korb.

„Wo ist denn nur mein Zauberstab?"
Stirnrunzelnd sucht sie den Waldboden ab.
„Hinter deinem linken Ohr!" Kichernd landet
der Rabe Kasimir auf Isadoras Schulter.

„Komm schnell mit zum Hexenhaus.
Ich muss dir etwas zeigen", krächzt Kasimir.
Neugierig klettert Hexe Wipfelzipf auf ihren
Besen: „Hexenkraut und Schneckenschleim –
Hexenbesen, bring mich heim!"

Kurze Zeit später betrachtet sie durchs
Fernrohr das Schloss auf dem Berg
gegenüber von ihrem Häuschen.
Gerade steigt ein Mädchen aus einer
goldenen Kutsche, die von zwei weißen
Pferden gezogen wird. Die Krone auf ihrem
Kopf funkelt im Sonnenlicht und rosa
Glitzersteinchen bedecken ihr weißes Kleid.

Das ist eine Leseprobe aus:
Hexenkraut und Spinnenbein –
Hexe will Prinzessin sein!

2. Klasse

Hexenkraut und Spinnenbein –
Hexe will Prinzessin sein!

Christine Auer

DIE ÖSTERREICHISCHE ERSTLESEREIHE

G&G

ISBN 978-3-7074-2066-1
2. Klasse, ab 6/7 Jahre

Lesezug-Bücher für die 2. Klasse:

Kinder, die schon lesen können,
sollten motiviert werden, diese
Lesefähigkeit zu stärken.
Die Bücher der 2. Klasse verleiten
durch ihre spannenden, lustigen und
lehrreichen Geschichten zum Lesen.

Kasimir ist gar nicht einverstanden: „Aber du bist doch allergisch auf Schokolade!"

„Papperlapapp", grummelt die Hexe. „Ich wäre eine wunderbare Prinzessin! Ich könnte schöne Kleider tragen und hätte glänzendes Haar."

10

Verträumt wickelt sie sich eine wirre Haarsträhne um den Finger. „Ich hätte eine Kutsche und würde nicht mehr von meinem Besen fallen." Bei dem Gedanken an ihren letzten Sturz in den Brombeerbusch tut ihr sofort wieder alles weh. „Sieh nur, Kasimir! Vom vielen Mischen der Zaubertränke haben sich meine Fingernägel schon grün verfärbt."

Wie wird man Prinzessin?

Die folgenden Tage und Nächte verbringt Hexe Wipfelzipf hinter ihrem Fernrohr und beobachtet die Prinzessin.

Als sie sich endlich müde in ihren Lieblingssessel kuschelt, hat sie dunkle Ringe unter den Augen und ihre Haare stehen in wilden Locken-Antennen vom Kopf ab. „Jetzt weiß ich alles Wichtige über Prinzessinnen!", sagt Hexe Wipfelzipf glücklich zu Kasimir und schläft laut schnarchend ein.

- Österreichische Fibelschrift
- Österreichische AutorInnen
- Österreichische Sprache
- Textunterstützende
  Illustrationen auf jeder Seite

Alle Lesezug-Bücher
sowie Begleitmaterial finden Sie unter
www.lesezug.at

ISBN 978-3-7074-2104-0
2. Klasse, ab 6/7 Jahre

ISBN 978-3-7074-2066-1
2. Klasse, ab 6/7 Jahre

ISBN 978-3-7074-2094-4
2. Klasse, ab 6/7 Jahre

ISBN 978-3-7074-2093-7
2. Klasse, ab 6/7 Jahre

Lesezug-Bücher
für die 2. Klasse
www.lesezug.at

ISBN 978-3-7074-2002-9
2. Klasse, ab 6/7 Jahre

ISBN 978-3-7074-2035-7
2. Klasse, ab 6/7 Jahre

ISBN 978-3-7074-2004-3
2. Klasse, ab 6/7 Jahre

ISBN 978-3-7074-2003-6
2. Klasse, ab 6/7 Jahre

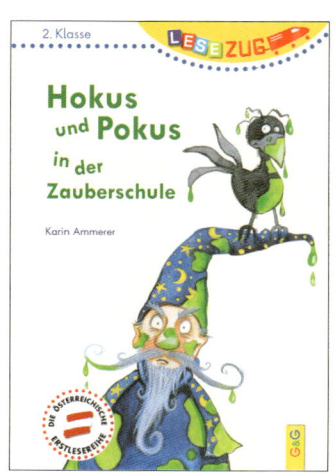

ISBN 978-3-7074-2005-C
2. Klasse, ab 6/7 Jahre

ISBN 978-3-7074-2034-0
2. Klasse, ab 6/7 Jahre